MARKETING DE CONTEÚDO

DA ESTRATÉGIA AO RESULTADO

LETICIA ARNEIRO

ÍNDICE

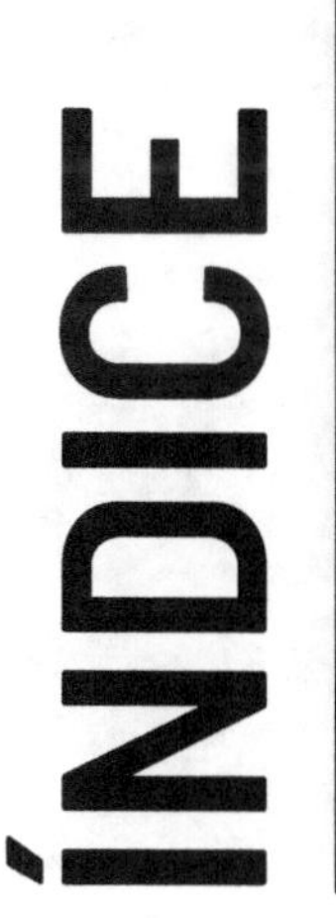

ÍNDICE

01

CONHECENDO O SEU PÚBLICO-ALVO

CONHEÇA SEU PÚBLICO-ALVO

Para criar um marketing de conteúdo eficaz, é essencial conhecer bem o seu público-alvo. Imagine que você está no comando de uma cafeteria. Antes de iniciar sua estratégia de marketing de conteúdo, é fundamental entender quem são seus clientes em potencial. Eles são estudantes universitários, trabalhadores em escritórios próximos ou pessoas que passam pela região turisticamente? Saber essas informações ajudará a direcionar suas mensagens e criar conteúdo relevante para eles.

Descobrir o público-alvo é um passo crucial para o sucesso de qualquer estratégia de marketing digital. Para alcançar o público certo, você precisa entender quem são seus clientes ideais, quais são seus interesses, necessidades e comportamentos.

Se você já possui clientes, analise suas características demográficas, interesses, comportamentos de compra e outras informações relevantes. Identifique padrões e tendências comuns entre eles.

Se você tem clareza sobre o que sua empresa oferece e quais problemas ou necessidades ela resolve para os clientes. Isso ajudará a identificar quais grupos de pessoas podem se beneficiar mais com seus produtos ou serviços.

Aliás, esse é o próximo assunto que veremos.

02

DEFININDO OBJETIVOS

OBJETIVOS E METAS

Imagine que você deseja aumentar o tráfego do seu site. Isso significa que você quer atrair mais visitantes interessados em suas ofertas. Ou talvez seu objetivo seja gerar leads qualificados para sua equipe de vendas. Definir metas claras e mensuráveis permitirá que você direcione seus esforços de marketing de conteúdo de forma mais estratégica e meça seu sucesso ao longo do tempo.

As metas e objetivos são fundamentais para o sucesso do marketing de conteúdo. Eles ajudam a direcionar as estratégias, a mensurar os resultados e a orientar todas as atividades relacionadas à criação e distribuição de conteúdo.

As metas e objetivos fornecem um norte para suas atividades de marketing de conteúdo. Eles ajudam a definir o propósito do conteúdo e direcionar suas ações em direção a resultados específicos.

Ao definir metas e objetivos, você estabelece um ciclo de melhoria contínua. Com base nos resultados obtidos, você pode analisar o desempenho do seu conteúdo, identificar áreas de melhoria e fazer ajustes para otimizar suas estratégias. Isso permite que você aprenda com suas experiências anteriores e refine constantemente suas abordagens para obter melhores resultados ao longo do tempo.

03

CRIANDO PERSONAS

PERSONAS

Personas são representações fictícias do seu público-alvo com base em dados demográficos, comportamentais e psicográficos. Vamos supor que você tenha uma loja de roupas online direcionada para mulheres entre 25 e 35 anos. Criar personas ajudará você a entender melhor suas necessidades, preferências e desafios. Por exemplo, você pode criar a persona "Juliana", uma mulher de 30 anos que trabalha em tempo integral e procura por roupas confortáveis e elegantes para usar no escritório. Com essa persona em mente, você pode criar conteúdo específico que resolva os problemas e atenda às preferências de Juliana.

Com uma persona bem definida, as empresas podem adaptar seus produtos, serviços e estratégias de comunicação de acordo com as características desse cliente ideal, aumentando assim as chances de sucesso em suas ações de marketing

Além disso, a persona também contribui para uma maior segmentação de mercado. Com base nas informações coletadas para a criação da persona, é possível identificar grupos de consumidores com características e necessidades semelhantes. Essa segmentação permite que as empresas ajustem sua abordagem de marketing, direcionando suas mensagens para diferentes segmentos de mercado.

Dessa forma, a empresa pode personalizar suas campanhas e oferecer soluções específicas para cada grupo, aumentando a eficácia de suas ações e efetivamente os resultados alcançados

Por fim, a persona auxilia na criação de empatia entre a empresa e o cliente. Ao entender os desafios, objetivos e valores da persona, a empresa pode desenvolver uma comunicação mais direcionada, que demonstre compreensão e soluções relevantes para suas necessidades.

Isso fortalece o relacionamento com o cliente, aumenta a fidelidade à marca e estimula a boca a boca positiva. Ao criar uma conexão emocional com a persona, a empresa estabelece um vínculo mais profundo com seu público-alvo, o que pode levar a um aumento nas vendas e na confiança da marca.

04

PESQUISANDO PALAVRAS-CHAVE

FAÇA PESQUISAS DE PALAVRAS-CHAVE

Se você fosse um profissional de marketing de uma empresa de viagens, realizar pesquisas de palavras-chave ajudaria você a descobrir quais termos relacionados a viagens são mais populares e relevantes para o seu público-alvo. Você poderia descobrir que "dicas de viagem para a Europa" é uma palavra-chave com alta demanda. Ao otimizar seu conteúdo com essa palavra-chave, você aumentaria suas chances de atrair tráfego qualificado de pessoas interessadas em viagens pela Europa.

No campo do marketing de conteúdo, as palavras-chave são como as palavras mágicas que atraem os visitantes certos para o seu território digital. Elas são a chave para conquistar as primeiras posições nos resultados dos motores de busca, colocando o seu conteúdo na frente de potenciais clientes e seguidores.

Ao pesquisar e otimizar suas palavras-chave você está construindo uma estratégia poderosa para atrair tráfego qualificado, aumentando suas chances de conversão e engajamento. É como ter um ímã virtual que atrai as pessoas certas para o seu conteúdo, gerando um fluxo constante de visitantes interessados

Ao investir tempo e esforço na pesquisa de palavras-chave, você está investindo no crescimento do seu negócio e no sucesso da sua estratégia de marketing de conteúdo

05

DIVERSIFICANDO

DIVERSIFIQUE OS FORMATOS DE CONTEÚDO

O conteúdo não se limita apenas a artigos de blog. Pense além disso. Vídeos instrutivos, infográficos visualmente atrativos, podcasts informativos e eBooks aprofundados são exemplos de formatos que você pode explorar para engajar seu público-alvo. A diversificação dos formatos ajudará você a alcançar diferentes tipos de consumidores e tornará sua estratégia de marketing de conteúdo mais envolvente.

06

PROMOVENDO SEU CONTEÚDO

PROMOVA SEU CONTEÚDO NAS REDES SOCIAIS.

As redes sociais são um canal poderoso para promover seu conteúdo. Você pode compartilhar seus artigos de blog, vídeos ou infográficos nas redes sociais relevantes para o seu nicho, como o Instagram, Facebook, LinkedIn ou Twitter. Além disso, interagir com seus seguidores, responder a comentários e usar as ferramentas de segmentação das redes sociais ajudará você a alcançar as pessoas certas e aumentar a visibilidade do seu conteúdo.

Ao falarmos de tráfego pago, que refere-se à estratégia de direcionar visitantes para um site, página de destino ou anúncio por meio de anúncios pagos.

Os anúncios pagos em redes sociais podem ser exibidos na forma de posts patrocinados, banners, vídeos ou carrosséis, dependendo da plataforma. Os anunciantes têm a capacidade de segmentar seu público com base em critérios demográficos, como idade, localização, sexo e interesses específicos. Isso ajuda a garantir que os anúncios sejam exibidos para as pessoas certas, aumentando a relevância e a eficácia das campanhas.

Além disso, as redes sociais também oferecem recursos avançados de segmentação, como a criação de públicos personalizados, onde é possível direcionar anúncios para pessoas que já interagiram com seu conteúdo ou visitaram seu site anteriormente.

07

MONITORANDO E ANALISANDO

MONITORE E ANALISE OS RESULTADOS

A análise de dados é essencial para entender o impacto das suas estratégias de marketing de conteúdo. Utilize ferramentas de análise para monitorar métricas como tráfego do site, taxas de conversão, compartilhamentos sociais e tempo de permanência no site. Essas informações ajudarão você a identificar o que está funcionando bem, o que precisa ser ajustado e como você pode melhorar seus resultados ao longo do tempo.

É necessário acompanhar e analisar os resultados para entender se sua estratégia de marketing de conteúdo está funcionando ou se precisa ser ajustada.

Para fazer isso, você pode usar ferramentas especiais que te mostram dados sobre o desempenho do seu conteúdo. Algumas coisas que você pode ficar de olho são: quantas pessoas estão visitando seu site, quantas delas estão realizando ações específicas (como preencher um formulário ou fazer uma compra), quantas vezes seu conteúdo está sendo compartilhado nas redes sociais e quanto tempo as pessoas estão passando no seu site.

Ao monitorar essas métricas, você poderá entender melhor o que está funcionando bem e o que precisa ser melhorado. Por exemplo, se você perceber que um determinado tipo de conteúdo está gerando muitas visitas ao seu site, você pode continuar criando mais conteúdo nesse estilo.

Se as pessoas estão passando pouco tempo no seu site, talvez seja necessário reavaliar a qualidade e a relevância do seu conteúdo.

Com base nessas informações, você pode ajustar sua estratégia de marketing de conteúdo para obter melhores resultados. Talvez você precise adaptar seu conteúdo para tender melhor às necessidades do seu público-alvo, ou pode ser necessário promover seu conteúdo em canais diferentes para alcançar mais pessoas.

Lembre-se de que o monitoramento e análise dos resultados são essenciais para melhorar continuamente sua estratégia de marketing de conteúdo.

Ao prestar atenção aos dados e ajustar suas táticas conforme necessário, você poderá alcançar melhores resultados e aumentar o sucesso da sua estratégia de marketing de conteúdo

08

CONSIDERAÇÕES FINAIS

POR ÚLTIMO

O marketing de conteúdo é uma estratégia poderosa que permite às empresas se conectarem e engajarem com seu público-alvo de maneira relevante e significativa.

Ao criar conteúdo valioso, informativo e envolvente, as empresas podem estabelecer sua autoridade, construir relacionamentos duradouros e impulsionar resultados de negócios.

No entanto, é importante lembrar que o marketing de conteúdo não é uma solução instantânea. Requer tempo, esforço e consistência para alcançar resultados significativos. É fundamental entender seu público-alvo, definir objetivos claros, criar conteúdo relevante e promovê-lo de maneira eficaz.

Além disso, o marketing de conteúdo é uma estratégia em constante evolução. À medida que as preferências e comportamentos do público mudam, é essencial acompanhar as tendências e adaptar suas estratégias.

Por fim, o marketing de conteúdo é uma jornada contínua de aprendizado e melhoria.

Com dedicação, paciência e criatividade, é possível criar uma estratégia de marketing de conteúdo sólida que atraia e envolva seu público, construir uma marca forte e impulsionar o crescimento do seu negócio.

Lembre-se de que o conteúdo é uma forma poderosa de se conectar com as pessoas e proporcionar valor genuíno. Ao focar em fornecer informações úteis, educar e inspirar seu público, você pode construir uma base sólida de seguidores fiéis e conquistar um lugar especial na mente e no coração dos seus clientes.

Portanto, aproveite as informações que você adquiriu neste eBook, seja criativo e consistente em sua abordagem, e verá como o marketing de conteúdo pode impulsionar o sucesso do seu negócio.

Sobre mim, a autora

Estou cursando o último semestre de Marketing Digital enquanto elaboro este ebook.
Trabalho como Social Media desde 2018 para o negócio da nossa família e há 2 anos resolvi ampliar meu trabalho para outras empresas e profissionais.
Acompanhe meu perfil no Instagram: @leticia.arneiro.

www.ingramcontent.com/pod-product-compliance
Lightning Source LLC
Chambersburg PA
CBHW060911260726
48661CB00008B/3576